CATALOGUE

DES LIVRES

DE

L'IMPRIMERIE ARMÉNIENNE

DE SAINT-LAZARE

VENISE

INSTITUT DES MEKHITHARISTES

—

1876

N. B. *Ce Catalogue annule les précédents.*

Il est envoyé franco à toutes les personnes qui en font la de-
mande par lettre affranchie.

Aucune commission n'est exécutée qu' en reçu du montant en
Billet de Poste, ou en Group ou Lettre chargée.

S'adresser au Directeur de l'Imprimerie de Sᴛ. Lᴀᴢᴀʀᴇ,
Vᴇɴɪsᴇ.

CATALOGUE

DES LIVRES

DE L'IMPRIMERIE ARMÉNIENNE

Les livres marqués par un astérisque (*) sont rares.

	Fr. C.
ABÉCÉDAIRE *arménien*, in-8. 1823-66.	— :25
— Nouvelle édition, avec Syllabaire, in-8. 1848.	— :75
— *Grec-Arménien*, in-8. 1819.	— :50
— V. GRAMMAIRE POLYGLOTTE, SYLLABAIRE.	
ABELLY (MGR. LOUIS), *Abrégé de Théologie*, trad. en arm. par PIERRE VARTABIED DE TIFLIS. in-12. 1748.	3 : —
AGATHANGE, auteur classique du IV siècle, *Hist. d'Arménie*, ornée de grav., in-24. 1855-62.	6 : —
— La même, traduction italienne, avec des notes ; revue par N. TOMMASÉO, in-8. 1843.	5 : 50

Cet ouvrage intéressant, écrit par ordre de Tiridate, roi d'Arménie, contient l'histoire du christianisme en Arménie par les prédications de S. Grégoire Illuminateur. Ces prédications se trouvent aussi en partie à la suite de l'histoire. V. Langlois en a donné une traduction française dans le Recueil des Historiens Arméniens publié par Didot. Paris 1868.

AGHAMALIAN (P. SUKIAS), *Arithmétique*, 1 vol. gr. in-8. 1781.	2 : 50
AGHIN (P. ZACHARIE D'), * *Les Miracles de la Ste. Vierge*, in-8. 1785.	5 : —
— * *Balance du temps*, in-12. 1750.	2 : —
AÏTON ou **HÉTHOUM**, historien du XIV siècle, *Notices sur les Tartares et autres nations de l'Orient*, trad. du latin par le P. J-B. AUCHER, suivies d'une *Chronologie* intéressante, composée en arm. par l'auteur ; in-8. 1842.	2 : —
AÏVAZOVSKY (P. GABRIEL), * *Histoire de l'Empire Ottoman*, depuis le commencement jusqu'à nos jours, ornée du portrait du sultan Mahmoud II, 2 vol. in-12. 1841.	13 : —

— *Abrégé de l'Histoire de Russie*, suivi d'une *Statistique de l'empire russe*, orné du portrait de l'empereur Nicolas I, et d'une carte géographique de la Russie d'Europe, in-12. 1836.   4:50
— V. PELLICO (SILVIO).

AKONTZ KÖVER (MGR. ÉTIENNE), **Rhétorique*, in-8. 1775.   15:—
— *Traité historique de l'anc. Testament*, 4 v. in-8. 1819. 16:—
— *Traité historique du nouveau Testament*, 5 vol. in-8. 1824.   12:—
— *Géographie universelle*, 11 vol. in-12. 1802-16.   34:—
— *Introduction à la Géogr. univ.* 1 vol. in-12. 1817.   4:—
— *Vie de l'Abbé Mekhithar*, fondateur de la Congr. arm. Mekhithariste, 1 vol. gr. in-8. 1810.   3:—

ALBERT LE GRAND, *Abrégé de Théologie*, trad. par l'ABBÉ MEKHITHAR, in-8. 1715.   2:50
— *Le Paradis de l'âme*, traduit en arm. par l'ABBÉ MEKHITHAR, in-12. 1729.   1:25

ALGÈBRE, V. BABIGUIAN.

ALISHAN (P. LÉON M.), *Géographie universelle*, ornée de plusieurs gravures et de cartes, in-4. 1854.   40:—
— *L'Arménie moderne*, ouvrage illustré, in-4. 1855.   5:—
— *Poésies complètes*, en cinq volumes, in-12 : —
   1 *Poésies pour les enfants*. 1857.   2:50
   2   »   *sur la nature*. 1857.   2:75
   3   »   *patriotiques*. 1858-67.   3:—
   4   »   *spirituelles*. 1858.   2:75
   5   »   *élégiaques*. 1858.   2:25

    Chaque volume se vend séparément.

— *Chansons populaires des Arméniens*, traduites en anglais, texte en regard, in-8. 1855-67.   2:—
— *St. Louis de Gonzague, modèle de la jeunesse*, en arm. mod. in-12. 1855.   1:25
— *Le Haïg, sa période et sa fête*, discours en français, in-8. 1859.   1:—
— *Tableau succinct de l'Histoire et de la Littérature de l'Arménie*, discours en français, in-8. 1860.   —:75
— *Physiographie de l'Arménie*, discours en français, in-24. 1869.   1:—
— SOUVENIRS D'ARMÉNIE, *Monographies historiques*, avec gravures, 2 vol. in-24. 1870.   10:50

— *L'Arménie pittoresque*, (36 vues d'Arménie), divisée en III parties, chacune contenant 12 vues avec texte : —

— — I *partie*, en arm. franç. et anglais.   8 : —

— — II *partie*, en arm. et franç.   8 : —

— — III *partie*, en arménien.   8 : —

— *St. Nersès le Gracieux*, patriarche des Arméniens, sa vie, ses œuvres et son temps, en arm. mod. in-12. 1873·   5 : —

— *St. Théodore le Salahouniën*, martyr arménien, trad. en franç. par M. J. Hékimian, in-24. 1872.   1 : —

— *Sous le Chêne*, considérations et méditations poétiques, in-12. 1874·   1 : —

— *Preuves de l'existence de Dieu*, petit livre à l'usage des enfants, in-32. 1866.   — : 50

— V. Byron, Lyre américaine, Pyrker, Schiller, Sempad (le Connétable).

ALFIERI (V.), *Meropé*, tragédie en 5 actes, trad. en vers arm. par Mgr. Éd. Hurmuz, in-8. 1873·   — : 60

ALLAHVERDIAN (Mme Dirouhi), V. Montalembert.

ALMANACH de chaque année, commencé depuis 1757, par le P. J. Tchamitchian, in-32.   — : 50

AMBERBOÏ (P. Moïse), *Christinéide*, poëme épique sur le martyre de Ste. Christine, en 3 chants, orné de gravures, in-12. 1844·   2 : —

ANANIAN (P. Meguerditch), *Dictionnaire Arménien-moderne*, *en Arm.-littéraire*, à l'usage des colléges.

— *Nouvelle édition*, revue et corrigée par Mgr. Éd. Hurmuz, 1 vol. gr. in-8. 1869.   9 : —

ANTHIMOS (P. Arsène B.), V. Bagratouni.

ANTIQUITÉS arméniennes, V. Indjidjian.

ANTZIÉWATZI (S. Khosrov), auteur classique du X siècle, *Commentaire sur la Liturgie arménienne*, 1 vol. gr. in-8. 1869.   3 : —

APOLOGIE *de la religion catholique* contre les protestants, par un anglican converti, traduite en arm. mod. in-16. 1844.   1 : —

ARITHMÉTIQUE, V. Aghamalian, Babiguian, Calfa, Kaciuni, Minas, Surmélian, &c.

ARMÉNIE (L') ancienne, V. Kaciuni, Indjidjian.

ARMÉNIE (L') moderne, V. Alishan, Kaciuni, Indjidjian.

ARMÉNIE (L') PITTORESQUE, V. ALISHAN.

ARMÉNIE (L') ET LES ARMÉNIENS, V. ISSAVERDENZ.

ARMÉNIE (L') RUSSE, *Notice géographique*, avec carte, in-8. 1828.   1:25

ARMÉNIE (SOUVENIRS D'), V. ALISHAN.

ARMÉNIE (VOYAGE EN), V. SARKISSIAN.

ASGUÉRIAN (P. VERTHANÈS), *Calendrier arménien ecclésiastique perpétuel*, in-4. 1782   3: —
— V. BOUHOURS, DORN, GOUDIN, PINELLI, ROLLIN, TESAURO, THOMAS A KEMPIS.

ASDOUADZADRIAN (MANOUG-BEY), V. SAINT-PIERRE.

ATLAS GÉOGRAPHIQUE, précédé d'une *Introduction à la Géographie mathématique, physique et politique*, grand in folio.   50: —
Mappemonde en deux hémisphères. — Système planétaire. — Asie. — Empire Ottoman. — Arménie. — Europe. — Afrique. — Amérique septentrionale. — Amérique méridionale. — Océanie.

Ces Cartes, en caractères arméniens, faites d'après les meilleurs ouvrages modernes de ce genre, ont été exécutées avec soin à Paris.

AUCHER (P. J-BAPTISTE), *Vies de tous les Saints du calendrier arménien*, avec des notes intéressantes et gravures, 12 vol. in-8. 1810-14.   45: —
— Même ouvrage in folio, sans les notes.   30: —
— *Abrégé des Vies des Saints*, 2 vol. in-12. 1800.   4: —
— *Dictionnaire arménien portatif*, contenant tous les mots du *Grand Dictionnaire*, à l'usage de la jeunesse, in-12. 1847. Nouvelle édition en 1864, augmentée de 10 mille mots, par le P. G. DJÉLAL.   10: —
— *Médecine de la vie spirituelle*, in-8. 1801-57.   2: —
— *Poésies sur la mort, le jugement, le paradis et l'enfer*, en arm. anc. et mod. in-12. 1810.   1:50
— *Les Devoirs du bon Chrétien*, en vers, in-18. 1812.   1:50
— *Principes de morale religieuse, pour tous les jours de l'année*, trad. du latin, in-8. 1825.   3:75
— *Pensées utiles*, en arm. mod. in-16. 1809.   1: —
— *Petit livre de Prières*, en arm. mod. orné de gravures, in-32. 1852-65.   1: —
— *Office de la Ste. Vierge*, in-24. 1854.   1:50
— *Abrégé de la doctrine chrétienne*, en vers, in-8. 1811.   —:50
— V. AÏTON, CICÉRON, DALMONTE, ÉPHREM, EUSÈBE,

GRÉGOIRE (LE GRAND), HOHENLOHE, OTZNÉTZI, PHILON, QUADRUPANI, RODRIGUEZ, SÉNÉQUE, SÉVÉRIEN, TASSONI, &c.

AUCHER (P. PASCAL), *Dictionnaire Anglais-arménien, et Arménien-anglais*, 2 vol. in-4. 1821-25.   36 : —

— Nouvelle édition *de la première partie*, revue et corrigée par le P. M. BEDROSSIAN, 1871.   20 : —

— Soùs presse, *la seconde partie ;* ouvrage entièrement refondu, et enrichi d'un grand nombre de nouveaux termes arméniens par le P. M. BEDROSSIAN, 1875—   20 : —

— *Dictionnaire Franç.-arm.-turc*, 1 v. gr. in-8. 1840.   20 : —

— — * *Arménien-Français.*   — : —

— MILTON, * *le Paradis perdu*, trad. en prose, orné d'une gravure, in-8. 1824. V. MILTON.

— * *Grammaire Angl.-arménienne*, in-8. 1816.   4 : —

— *Grammaire Arménienne-anglaise*, composée à l'aide de LORD BYRON, in-24. 1853-73.   3 : —

— *Explication des anciens poids et mesures*, in-8. 1821.   3 : —

— *Notice sur la Congrégation des* **PP.** *Mekhitharistes de Venise*, en arm. et en ital. in-12. 1819.   2 : —

— *Confessio Ecclesiæ Armenæ*, en arm. et en lat. in-8. 1845.   2 : —

— V. LAMPRONATZI.

AUCHER (D. PIERRE), *Pensées utiles de* P. J.-B. AUCHER, trad. en turc, in-16. 1809.   1 : —

AUGUSTIN (S.), *La cité de Dieu*, traduite par le P. G. AWÉDIKIAN, 2 vol. in-4. 1841.   30 : —

— *Les Soliloques*, trad. par le P. E. SETH, in-24. 1858.   3 : —

AWÉDIKIAN (P. GABRIEL), *Commentaires sur les Epîtres de S. Paul*, 3 vol. gr. in-4. 1806-12.   30 : —

— *Explication des Hymnes de* l'office arménien, 1 vol. gr. in-4. 1814.   10 : —

— *Dissertation sur la procession du St-Esprit du Père et du Fils*, en italien, in-8. 1824.   2 : —

— *Grammaire Arménienne*, in-8. 1815.   4 : —

— Abrégé de la même, in-8. 1825.   2 : —

— Même ouvrage, en arm. mod. in-8. 1819.   2 : —

— * *Grammaire Ital.-arm.-turque*, avec plusieurs dialogues et exercices, in-8. 1792.   4 : —

— *Méditations sur les principales fêtes de la S. Vierge, de N. S., et sur celle de quelques Saints*, in-24. 1856.   2 : —

— *Méditations sur les douleurs de la S. Vierge*, en arm. anc. et mod. in-12. 1810.   1 : —

— *Dissertation sur les corrections des livres ecclésiastiques arméniens*, en langue ital. œuvre posthume, in-8. 1868.   4 : —

— *Choix de poésies*, V. TCHAKTCHAK.

— V. AUGUSTIN, LITURGIE, NARÉGATZI, RODRIGUEZ.

AWÉD-ZACHARIAN, *Economie de la vie humaine*, ou *Préceptes instructifs*, pour tous les états de la vie, traduits de la langue chinoise, in-24. 1845.   1 : —

AZNAWOR (P. CHÉRUBIN), V. BOSSUET, FLEURY, INDJIDJIAN, MEGUERDITCHIAN.

BABIGUIAN (P. HEMAÏAG), *Éléments de l'Algèbre*, in-8. 1858.   3 : 25

— *L'Algèbre*, en arm. mod. in-8. 1875.   4 : 50

— *Eléments de la Géométrie*, in-8. 1858.   3 : 25

— *Arithmétique*, en arm. mod. in-8. 1864.   7 : —

BAGHDASSARIAN (P. JOSEPH), *Les gloires de la Ste. Vierge*, in-8. 1812.   2 : 50

BAGRATOUNI (P. ARSÈNE G.), *Eléments de la Grammaire arménienne*, sur un nouveau plan, ouvrage enrichi de nouvelles observations, en arm. mod. in-8. 1846-75.   2 : 50

— *Grammaire des Grammaires*, trésor de la langue arménienne, in-8. 1852.   15 : —

— *Grammaire Française-arménienne*, avec un Supplément sur la versification française, in-8. 1821.   6 : —

— *Haïg*, poëme épique en 20 chants, sur le premier chef de la nation arménienne, orné de plusieurs gravures, in-8. 1858.   12 : —

— *Choix de poésies*, in-4. 1852.   8 : —

— *L'art de bien penser et de bien vivre*, in-12. 1857.   1 : 50

— *Modèles de l'éloquence grecque et latine*, in-16. 1863. 4 : —

— *Choix des tragédies anciennes et modernes*, trad. en vers arm. in-12. 1868.   5 : —

— V. BOSSUET, CÉSAR, FOSCOLO, HOMÈRE, HORACE, MASSILLON, MILTON, SOAVE, THÉOPHRASTE, VIRGILE.

BARRILI (A. G.), *Ara le Bel*, roman historique, trad. en arm. mod. par le P. G. ISGUÉNDÉRIAN ; in-24. 1876.   4 : —

BARTHÉLEMY, *Voyage du jeune Anacharsis en Grèce*, trad. par MGR. E. HURMUZ, avec plusieurs tables, planches et gravures, 6 vol. in-8. 1847.   35 : —

BASILE (S.), *Hexaméron*, traduction arménienne classique du V. siècle, in-8. 1851.   4 : —

BAUDRAND, *Pensez-y bien*, trad. en ar. m. in-24. 1849. 1 : —

BEDROSSIAN (P. Mathias), V. Goldsmith, Aucher (P. P.).

BEECHER-STOWE, *La case de l'oncle Tom*, traduit en arm. mod., 2 v. in-12. 1854. 8 : —

BERNARD (S.) *Choix d'homélies*, trad. par le P. E. Thomadjan, œuvre posthume, in-8. 1874. 1 : 50

BIANCHINI (Pietro), V. Liturgie.

BIBLE ARMÉNIENNE, ornée d'un grand nombre de grav., édition très-rare, 1 v. in folio, 1733-35. 400 : —

— *La même, trad. arm. du V siècle avec des variantes, par le P. J. Zohrab, 1 v. in-4. 1805. 20 : —

— *La même, 4 vol. in-8. 1805. 25 : —

— La même, nouvelle édition, 1 vol. in-4. 1859. 23 : —

— La même édition, ornée d'une trentaine de belles gravures. 35 : —

BIBLIOTHÈQUE CHOISIE *de la Littérature arménienne*, 22 petits volumes, in-24. 1853-61. 22 : —

1 *Maximes des anciens philosophes grecs.*

2 *Histoire de la renaissance de la Littérature arménienne, sous les Traducteurs, au V siècle.*

3 *Traité sur le Sacerdoce;* par Jean Sargawak (*le Diacre*), auteur classique du XII siècle.

4, 5 *Panégyriques de S. Gr. Illum.*, par différents auteurs.

6, 7 *Vie de S. Nersès le Grand.*

8 *L'origine du Christianisme en Arménie, par les prédications de S. Thaddée.*

9 *Vie de Ste. Susanne,* fille de Vartan le Grand.

10 *Panégyrique des fils de S. Gr. Illuminateur.*

11 *Histoire de S. Mesrop,* docteur arménien. — *Vie de S. Elisée,* docteur et historien arménien.

12 *Sisien, Panégyrique sur les 40 martyrs de Sébaste.*

13 *Martyre de S. Vahan de Goghthen.*

14 *Vie de S. Nersès Chenorhali (le Gracieux).*

15 *Panégyrique de S. Nersès Lampronatzi,* par son disciple Grégoire Sguévratzi.

16 *Vie de S. Sergius, le martyr,* traduit du grec, par S. Nersès Chenorhali.

17 *Prières de Jean Sargawak (le Diacre).*

18 *Discours sur la Transfiguration de J-C.,* par Elisée le prêtre.

19 *Martyre de S. Barthélemy,* apôtre des Arméniens.

20 *Panégyrique des Martyrs d'Orient.*

21 *Prières du docteur* BÉNIG.

22 *Vies de S. Jacques,* (patriarche de Nisibe), *de S. Hilaire de Palestine, et de S. Ignace,* (évêque d'Antioche).

Chaque volume se vend séparément,   1 : —

BIBLIOTHÈQUE DE L'ENFANCE, ou Recueil d'histoires édifiantes et morales, tirées des *Contes pour les Enfants,* par le chanoine SCHMIDT et autres, traduction libre en arm. mod. divisée en plusieurs petites livraisons, avec gravures, in-24. 1859-55.   15 : —

Les 15 volumes déjà publiés sont : —

1 *Le Fils adoptif.*

2, 3 *Le Coin du feu.*

4 *L'Enfant perdu.*

5 *La Reine de Tango.*

6, 7 *La Chaumière irlandaise.*

8 *La caverne de la pénitence.*

9 *Le petit Ermite.*

10 *Louis.*

11 *Rosalie.*

12 *L'Agneau.*

13 *La vertu récompensée.*

14 *Félix, ou l'Orphelin.*

15 *Barthélemy pasteur.*

Chaque volume se vend séparément,   1 : —

Une autre série de contes et de romans a été commencée, dont les volumes déjà publiés sont : —

1 *La veille de Noël,* in-8. 1859.   2 : —

2 *Le château mystérieux* de MLLE FOUGÈRE, 1860.   4 : —

3 *Les angoisses d'une mère,* 1860·   2 : 50

4 *Madeleine,* par M. JULES SANDEAU, 1860.   2 : 50

5 *La chaumière du pêcheur,* 1860.   2 : 50

6 *Le vieux Buchman,* 1867.   2 : 50

BITAUBÉ, *Joseph le Juif,* trad. en arm. mod. par le P. V. CHICHEMAN, in-12. 1857.   2 : 50

BLANCHARD, *Ecole des Mœurs,* trad. libre en arm. mod. par le P. E. KACIUNI, in-12. 1859.   6 : 50

BOLSIAN (P. DANIEL), *Vie de S. Grégoire Illuminateur,* en turc, suivie d'un Supplément de prières, ornée de belles gravures, in-16. 1859.   2 : —

BONA (Card.), *Guide au Ciel*, trad. en arm. mod. par le P. M. Tchaktchak, ornée d'une très-jolie gravure, in-24. 1856.   3 : —

BORÉ (Eugène), **S. Lazare de Venise*, in-8. 1855.   2 : 50

BOSSUET, *Discours sur l'Histoire universelle*, trad. par le P. C. Aznawor, orné du portrait de l'auteur, 2 vol. in-8. 1841.   12 : —

— *Oraisons funèbres*, trad. en arm. par le P. A. Bagratouni, in-8. 1870.   3 : 25

BOUDOUR (P. Verthanès), *Geneviève de Brabant* (*Kénovapé*), roman en arm. mod. orné de belles gravures, in-8. 1849-73.   4 : —

BOUHOURS (P.), *Méditations chrétiennes*, &c. trad. par le P. V. Asguérian, in-16. 1771.   — : 85

— Les mêmes, trad. en turc, par M. J. Erémian, in-12. 1827.   1 : 25

BOYADJIAN (P. Vahan), V. Ségur.

BRÉVIAIRE ARMÉNIEN, in-24. 1742-1860.   3 : —

BREWSTER (David), *La Clef des Sciences*, trad. en arm. mod. par M. Erwant Osgan, in-12. 1870.   4 : —

BRONIAN (P. Isaac), *Géométrie théorique et pratique*, in-8. 1794.   4 : —

— *Trigonométrie*, in-8, 1810.   3 : —

BUFFON, **Histoire naturelle des Oiseaux* de la première classe, trad. en arm. mod. par le P. S. Samsar, avec fig. in-12. 1815.   4 : —

BYRON (Lord), *Italie*, IV chant du Child Harold, trad. en arm. par le P. L. Alishan, texte en regard, in-12. 1860.   3 : —

— *Choix de poésies*, avec ses exercices en langue arm.; texte anglais et arménien, in-12. 1870.   2 : 50

— V. Aucher (P. P.).

CABARADJIAN (P. Grégoire), **Notice astronomique sur les Comètes*, in-12. 1843.   1 : —

CALENDRIER ARMÉNIEN, V. Asguérian.

CALFA (P. Ambroise), *Cours d'Histoire universelle* : —

— *Histoire Ancienne*, in-24. 1849.   2 : 50

— 〃 *Romaine*, in-24. 1850.   2 : —

— 〃 *du Moyen âge*, in-24. 1851.   2 : 50

— 〃 *Moderne*, in-24. 1851.   2 : 50

— 〃 *Contemporaine*, in-24. 1851.   2 : —

— *Eléments d'Arithmétique*, in-8. 1853.   3 : —

— V. Fénelon.

CALLIGRAPHIE Arménienne, V. Minas.

CANTARIAN (P. Samuel), *La Rhétorique,* pour les classes supérieures, en arm. mod. in-8. 1875.   3:25
— V. Lamartine, Parbétzi.

CANTU (César), *Carlambrogio di Monte-Vecchio,* trad. en arm. mod. par le P. S. Samsar, in-12. 1844.   1:25
— *Il Galantuomo,* trad. en arm. mod. par le P. D. Nazareth, in-12. 1860.   2:50

CAPPELLETTI (l'ab. Joseph), V. Élisée, Glaïétzi, Indjidjian, &c.

CARRER, traduction en vers italiens d'une *Hymne* de l'Église arménienne, in-8. 1850.   —:75

CARTES GÉOGRAPHIQUES, la plupart en caractères arméniens : —
— *Les quatre parties du monde.* 1787.   6:—
— *Arménie.* 1751.   1:—
— *Arménie Russe,* en caractères franç. et russes. 1828   —:75
— *Palestine.* 1746.   1:50
— *Mer noire,* en caractères arm. et turcs. 1820.   1:50
— *Crimée.* 1850.   1:—
— *Marmara.* 1805.   —:75
— *Bosphore,* 1791.   —:75
— Le même en italien, 1851.   —:75
— *Turquie d'Europe.*   —:50
— *Turquie d'Asie.*   —:50
— *Empire Ottoman,* 1787.   —:50
— *Mappemonde Mercator,* 1784.   1:—
— *Mappemonde grande,* gravée à Amsterdam. 1695.   15:—
— V. Atlas Géographique.

CÉSAR (Jules), *Les Commentaires de la guerre gallique,* trad. par le P. A. Bagratouni, in-12. 1874.   3:50

CHANSONS populaires des Arméniens, V. Alishan.

CHENORHALI, V. Glaïétzi.

CHESTERFIELD, *Maximes à son fils,* trad. en arm. mod. par le P. A. Kourkèn, in-16. 1875.   1:25

CHICHEMAN (P. Vartan), V. Bitaubé.

CHIMIE, V. Kaciuni.

CHOIX de Fables, V. Fables.

CHOIX de Morceaux classiques, V. Mekhitharistes.

CHOIX de Poésies, V. Alishan, Awédikian, Bagratouni, Hurmuz (E.), Tchaktchak, Byron, &c.

CHOIX de Sermons, V. Dorn, Thomadjan.

CHOIX de Tragédies, V. Bagratouni.

CHRYSOSTOME (S. Jean), *Commentaires sur l'E-vangile de S. Matthieu,* trad. arm. classique du V siècle, 2 vol. in-8. 1825.   10: —

— *Commentaires sur les Epîtres de S. Paul,* trad. class. du V siècle, 2 vol. in-8. 1862.   20:—

— *Choix d'Homélies,* trad. classique, in-8. 1861.   10:—

— *Choix d'Homélies,* trad. de P. E. Thomadjan, 2 vol. in-4. 1818.   15:—

CICÉRON, *les Offices,* trad. de P. J-B. Aucher, 1 vol. gr. in-8. 1845.   3: —

COMÈTES (Les), V. Cabaradjian.

COMMENTAIRES *sur les Actes des Apôtres,* ouvrage classique, in-8. 1840.   7: —

CORNEILLE (P.) *Polyeucte,* trad. en vers arm. par Mgr. G. Hurmuz, texte en regard, in-12. 1858.   2: —

— La même tragédie, sans le texte.   1:—

COSTANTINI (G. A.), *Lettres critiques,* trad. libre en turc par J. Érémian, 2 vol. in-16. 1837.   18: —

COTTIN (Mme), *Les exilés en Sibérie,* trad. par Mgr. Éd. Hurmuz, in-12. 1874.   1:50

DALMONTE (Bart.), *Méditations à l'usage des prê-tres,* tr. en ar. par le P. J-B. Aucher, in-12. 1853.   2:—

DANTE (Alighieri), *Morceaux choisis de la Divine Commédie,* trad. en vers arm. par le P. D. Na-zareth, texte en regard, in-12. 1875.   2: —

DAVID LE PHILOSOPHE, auteur classique du V siècle, *Oeuvres et Traduction arménienne de quelques ouvrages d'Aristote et de* Porphyre, in-8. 1855.   10: — Dans le même volume sont réunies l'œuvre de Goriun (V.), et celle de Membré (V.).

DEGHA (Grégoire), auteur classique du XII siè-cle, *Lettres dogmatiques,* in-24. 1858.   3: —

DE LA FOREST, *Méthode d'instruction pour ramener les prétendus réformés à l'Eglise catholique,* trad. arm. in-18. 1847.   2:—

DICTIONNAIRE DES DICTIONNAIRES, publié par l'Académie arménienne de S. Lazare, 2 vol. gr. in-4. en trois colonnes, 1856-57.   130:—

C'est un trésor de la langue arménienne, composé avec soin et enrichi de citations de textes des auteurs classiques de la Littérature ar-ménienne. Presque tous les mots y sont accompagnés de leurs correspondants grecs et latins.

DICTIONNAIRES différents, V. Ananian, Aucher

(PP. J.-B. & Pascal), Kaciuni, Mekhithar (ab.),
Somal, Tchaktchak, &c.

DJARI (P. Abraham), *Abrégé de l'histoire universelle,*
en arm. mod. à l'usage des écoles, in-12. 1846. 5 : —
— *Abrégé de Géométrie,* en arm. mod. in-12. 1843. 3 : —
— *Histoire de France,* 2 vol. in-12. 1849. 7 : —
— V. Eusèbe de Césarée, Napoléon III, Platon,
Salluste, Tacite.

DJÉLAL (P. Grégoire), *Histoire de Louis XVI,* ornée
de deux gravures, in-8. 1861. 4 : 50
— V. Aucher (J.-B.), Lamé-Fleury, Mérimée, Sandeau, &c.

DJÉLAL (P. Jacques), V. Fénelon.

DORN (Xavier), *Sermons,* trad. du latin par le
P. V. Asguérian, in-8. 1781. 50 : —

DOUBLE ÉCRITURE, V. Tenue des livres.

DROIT des gens, V. Seth.

DUMARSAIS, *Logique,* trad. en arm. par le P. M.
Tcheraghian, in-8. 1846. 2 : —

DZERVISE (P. André), V. Fleury.

ECCLÉSIASTE, trad. classique du V siècle, in-24.
1833-55. 1 : 50

ÉLÉMENTS DE LANGUE ITALIENNE, à l'usage
des arméniens, suivis du *Traité sur les Devoirs de
l'homme* par F. Soave, en italien, in-8. 1854. 1 : 50

ÉLISÉE, auteur classique du V siècle, *Histoire de
la guerre des Arméniens contre les Persans,* ornée
de gravures, in-24. 1852-64. 3 : —
— *Oeuvres complètes,* contenant, outre *l'Histoire*
citée ci-dessus, *l'Explication de l'Oraison dominicale,* les *Commentaires sur la Genèse et les livres de
Josué et des Juges,* et quelques *Homélies,* 1 vol.
gr. in-8. 1858-59. 6 : —

L'Histoire d'Elisée a été traduite et publiée en italien par Cappelletti,
prêtre vénitien, et en français dans le Recueil des historiens arméniens publié par V. Langlois chez Didot, Paris 1869. Ch. F.
Neumann de Munich en a publié une traduction anglaise incom-
plète, imprimée à Londres, 1830.

ENCENSOIR DE PRIÈRES, V. Livres de Prières.

ENCYCLOPÉDIE de la jeunesse, V. Médici.

ÉPHÉMÉRIDES PERPÉTUELLES, in-12. 1796. 2 : —

ÉPHREM (S.), *Oeuvres,* trad. class. du V siècle,
4 vol. gr. in-8. 1836. 24 : —

Cet ouvrage est très-précieux, parce qu'il renferme plusieurs *Traités* et *Sermons* de ce saint Père, qui n'existent pas dans les éditions syriaques et grecques de ses ouvrages.

— *Evangelii concordantis expositio a S. Ephræmo doctore Syro elucubrata;* le texte syriaque perdu, traduction latine faite sur celle de l'arménienne du V siècle; œuvre posthume du P. Aucher (J-B.), in-8. 1875.   8 : 50

ÉPICTÈTE, *Manuel*, trad. en turc, in-24. 1857.   — : 50

— Même ouvrage, trad. en arm. par le P. B. d'Isaïa, in-24. 1871.   1 : —

ÉRÉMIAN (J.), V. Bouhours, Costantini, Goldsmith, Liguori, Métastase, Pey, Pope, Segneri, Young.

ÉSOPE, *Fables*, trad. en arm. mod. par le P. M. Médici, ornées de gravures, in-12. 1849-60.   5 : —

EUSÈBE de Césarée, *La Chronique*, 2 v. in-4. 1818.   30 : —

— Même ouvrage in folio. 1818.   32 : —

Cet ouvrage est d'une très-grande importance pour l'histoire ancienne; l'original grec n'existe plus. La traduction arménienne, faite au V siècle, est publiée par le P. J-B. Aucher, avec une traduction latine accompagnée de notes.

— *Histoire de l'Eglise*, traduction classique du V siècle, de l'original syriaque. — Elle est accompagnée d'une nouvelle traduction (du grec), par le P. A. Djari, in-8. 1875.   10 : —

ÉVANGILES (Les saints), in-8. 1816-49.   2 : 25

— en meilleur papier, in-8. 1865.   3 : —

— en petit format, 1869.   2 : —

— V. Nouveau Testament.

ÉZNIG DE GOLP, auteur classique du V siècle, *Réfutation des erreurs des Persans et des Manichéens*, in-24. 1826.   3 : —

Ouvrage très-intéressant pour la connaissance des antiquités persanes, aussi bien que pour celle des doctrines des Marcionites et des Manichéens. Le Vaillant de Florival a publié à Paris la traduction française, en 1853.

FABLES, V. Ésope, Hurmuz (É.), Kouchenérian, Mekhithar (Koche), &c.

FAUSTUS DE BYZANCE, auteur class. du IV siècle, *Histoire d'Arménie*, 1 vol. gr. in-8. 1832.   5 : —

Cette intéressante histoire, fait suite à celle d'Agathange jusqu'à l'année 390; elle a été traduite en français par M. Émin de Moscou, et publiée à Paris dans le Recueil des historiens arméniens de Langlois, en 1868.

FÉNELON, *Les Aventures de Télémaque,* trad. en arm. par le P. E. Tchaktchak, édition ornée de gravures, in-8. 1826. 10 : —

— *Nouvelle traduction,* par Mgr. E. Hurmuz, ornée de gravures, in-12. 1864. 6 : 50

— *Maximes,* trad. en vers arm., le texte en regard, in-32. 1844. — : 25

— *Vies des Philosophes,* trad. en arm. par le P. J. Djélal, in-12. 1826. 3 : —

— *Education des filles,* trad. en arm. mod. par le P. A. Calfa, in-24. 1850. 2 : 50

FIÉRARD, *Catéchisme,* tr. en arm. mod. in-12. 1863. 1 : 25

FLEURY (ab.), *Mœurs des Israëlites et des Chrétiens,* trad. en arm. par le P. C. Aznawor, in-8. 1843. 8 : —

— *Catéchisme historique,* traduction libre en arm. mod. par le P. A. Dzervise, in-8. 1845. 3 : —

FLORIAN, *Numa Pompilius,* trad. en arm. par Mgr. E. Hurmuz, in-16. 1853-66. 4 : —

FOSCOLO (Ugo), *Les Tombeaux,* trad. en vers arm. par le P. A. Bagratouni, in-8. 1864. 1 : —

FRAYSSINOUS (Denis de), *Défense du christianisme,* tr. en arm. par le P. A. Kourkèn, 2 v. in-24. 1868. 9 : —

GENLIS (Mme de), *Bélisaire,* trad. en arm. par Mgr. E. Hurmuz, in-8. 1859. 3 : —

GÉOGRAPHIE, V. Akontz Köver, Alishan, Yasège, &c.

GÉOMÉTRIE, V. Babiguian, Bronian, Djari, Papasian, &c.

GESSNER, *La mort d'Abel,* trad. arm. par le P. E. Tchaktchak, ornée de grav., in-12. 1825-62. 4 : —

GLAÏÉTZI ou CHENORHALI (S. Nersès le Gracieux), auteur classique du XII siècle : —

— *Lettre pastorale,* in-8. 1830. 2 : —

— La même, avec une traduction latine, par J. Cappelletti, 1829. 4 : —

— *Poésies,* ornées de gravures, in-24. 1830. 6 : —

— *Discours Synodal et Lettres,* in-24. 1848. 3 : —

— *Oeuvres complètes,* trad. en latin par J. Cappelletti, 2 vol. in-8. 1833. 10 : —

— *Prière,* trad. en 36 langues, in-12. 1840-69. 20 : —

— Même ouvrage, en grand format, édition de luxe, 1862-69. 55 : —

— V. Alishan, Bibliothèque choisie.

GOLDSMITH (Oliver), *Abrégé de l'histoire romaine,* trad. turque par J. Erémian, in-12. 1830. 3:—

— *Le Village abandonné*; trad. en vers arm. par le P. M. Bedrossian, texte en regard, in-12. 1871. 2:—

GONZAGUE (St. Louis de), V. Alishan.

GORIUN, auteur classique du V siècle, *Histoire de la vie de S. Mesrop et du commencement de la Littérature arménienne,* V. David le philosophe.

GOUDIN, *Cours de Philosophie,* trad. en arm. par le P. V. Asguérian, 4 vol. in-12. 1750. 10:—

GRAMMAIRE DES GRAMMAIRES, V. Bagratouni.

GRAMMAIRE POLYGLOTTE, V. Médici.

GRAMMAIRES différentes:— V. Aucher (P. P.), Awédikian, Bagratouni, Hadin, Hindoghlu, Hurmuz (E.), Kourkèn, Médici, Mekhithar (ab.), Tchamitchian (P. M.), Yasège, &c, &c.

GRÉGOIRE (S.) Illuminateur, auteur classique du IV siècle, *Homélies,* 1 vol. gr. in-8. 1837. 4:—

GRÉGOIRE (S.) Le Grand, *Le Canon pastoral,* trad. en arm. par le P. J.-B. Aucher, in-8. 1846 3:—

GRIGORENTZ (Rév. Jacques), *Une visite à l'Angleterre en 1675*; en vers arm. trad. anglaise, texte en regard, in-24. 1875. 1:—

GUERRE (La) *Franco-prussienne,* V. Issaverdenz.

GUIRAGOS (Cyriaque), auteur du XIII siècle, *Histoire d'Arménie,* avec des notes et des éclaircissements, in-8. 1864. 4:—

HADIN (Maurice), *Grammaire française,* à l'usage des Italiens, in-8. 1846. 3:—

HAÏG (Le), V. Alishan, Bagratouni.

HENNEMANN (P. Ægidius), *Notice sur la Congr. Arm. de S. Lazare,* en allemand, in-12. 1872. 2:—

HÉTHOUM, V. Aïton.

HINDOGHLU (Artin), *Grammaire allemande,* à l'usage des Armén., suivie d'un *Vocabulaire* et de plus. dialogues en allem., arm. et turc, in-8. 1830. 5:—

HISTOIRE d'Alexandre le Grand, trad. classique de l'original grec, qui n'existe pas tout entier. Edition très-rare, n'étant tirée qu'à très-peu d'exemplaires, in-8. 1842. 30:—

„ „ de la *Littérature grecque, romaine, sacrée, du moyen âge, des temps modernes, et de l'anc. Littérature arménienne,* V. Karékin, Somal, &c.

3

HISTOIRE ECCLÉSIASTIQUE, V. PAPASIAN.

    " " (COURS D') UNIVERSELLE, V. CALFA, DJA-
RI, SETH, &c.

    " " DE L'EMPIRE OTTOMAN ET DE RUSSIE, V. AÏ-
VAZOVSKY.

    " " DE FRANCE, V. DJARI.

    " " UNIVERSELLE DU XVIII SIÈCLE, V. INDJIDJIAN.

    " " SACRÉE, V. MÉDICI.

    " " D'ARMÉNIE, V. TCHAMITCHIAN (P. M.), &c.

HOHENLOHE (PRINCE ALEX.), *Méditations*, trad. en
arm. mod. par le P. J-B. AUCHER, in-24. 1838.   2: —

HOMÈRE, *L'Iliade*, trad. du grec en vers arméniens
par le P. E. THOMADJAN, 2 beaux vol. ornés de
très-jolies gravures, in-16. 1843.   10: —

— *L'Odyssée*, traduite par le même. 1847.   12: —

— *L'Iliade*, nouvelle traduction, par le P. A. BA-
GRATOUNI, ornée d'une gravure, in-8. 1864.   8: —

HOMMES (LES) **ILLUSTRES** DE L'ARMÉNIE ANC.,
Portraits et Biographies, en arm. mod. in-16. 1875.   7: —

HORACE, *l'Art poétique*, trad. en vers arm. par le
P. A. BAGRATOUNI, avec des notes, in-4. 1847.   3: —

HOSCHIUS (SIDONIUS), *Les Elégies*, trad. en vers
arm. par le P. M. TCHAKTCHAK, in-4. 1850.   3: —

HOVSÈPIAN (P. THÉOPHILE), *Vies des Saints les plus
célèbres de l'Eglise latine*, en arm. mod. in-12. 1841.   4: —

HURMUZ (MGR. EDOUARD), *Eléments de Rhétorique*,
in-12. 1859-56.   2: —

— *Eléments de l'Art poétique*, suivi d'un *Traité sur la
versification arménienne*, in-12. 1829.   1:50

— *Abrégé de Mythologie*, in-12. 1840.   2: —

— *Prières en vers arméniens*, très-belle édition,   5: —
avec encadrements et gravures, in-16. 1845.   6: —

— *Les Jardins*, poëme en quatre chants, en vers
arm. in-8. 1851.   5: —

— *Le Livre de Job*, réduit en vers arm. avec des
commentaires, in-8. 1862.   1:25

— *Traité de Théologie dogmatique*, 2 v. in-8. 1862.   14: —

— *Traité de Théologie morale*, 2 vol. in-8. 1865.   14: —

— *Hymnes de la Bible et quelques Psaumes*, réduits en
vers arm. in-8. 1864.   1:50

— *Fables*, en vers, in-24. 1865.   1:25

— *Choix de Poésies*, in-4. 1855.   3: —

— *Les fêtes sanctifiées, méditations et réflexions*, in-12.
1874.   4:50

— *Grammaire en III parties: arm.* (1836), *lat.* (1839), *ital.* (1842), à l'usage des écoles; in-16. — Chaque partie   2 : —

— V. ALFIERI (V.), ANANIAN, BARTHÉLEMY, COTTIN, FÉNELON, FLORIAN, GENLIS, MANZONI, MARC-AURÈLE, MÉTASTASE, PHÈDRE, MONTI, PIANO, PINARD, RACINE (FILS), RACINE (JEAN), ROLLIN, SAINT-PIERRE, SALES, TACITE, VIRGILE.

HURMUZ (MGR. GEORGES), *Athalie,* de J. Racine, trad. en vers arm. in-12. 1858.   1 : —

— V. CORNEILLE, ROLLIN.

HYGIÈNE, *pour prévenir les maladies,* in-24. 1866.   1 : 25

HYMNES LITURGIQUES de l'Église arménienne, réduites à l'usage de ceux qui servent la grand' messe, in-24. 1854-57.   2 : —

— Les mêmes, traduites en notes européennes, V. LITURGIE.

INDJIDJIAN (P. LUC), *Antiquités arméniennes,* ornées de gravures, 5 vol. in-4. 1855.   30 : —

L'abbé Cappelletti, prêtre italien de Venise, publia en italien la traduction de cet ouvrage intéressant, en 5 vol. à Turin, 1841.

— *Description géographique de l'Arménie ancienne,* 1 vol. in-4. 1852.   12 : —

— *L'Arménie moderne,* in-12. 1846.   5 : —

— *Le bon Patriote,* en arm. mod. in-8. 1815.   2 : 50

— **Description poétique du Bosphore,* in-12. 1792.   2 : —

— Même ouvrage, trad. italienne par le P. C. AZNAWOR, in-12. 1851.   2 : 50

— *Histoire universelle du XVIII siècle,* en arm. mod. 8 vol. in-8. 1821.   16 : —

— *Vie des Saints,* en arm. mod. in-16. 1852-75.   2 : 75

— *Livre de Prières,* orné de grav., in-24. 1858.   4 : —

ISAÏA (P. BARNABÉ D'), V. EPICTÈTE.

ISGUÉNDÉRIAN (P. GOMIDAS), V. BARRILI.

ISSAVERDENZ (P. JACQUES), *La Guerre franco-prussienne de 1870-71,* en arm. mod. 2 vol. in-8.   10 : —

— *La Guerre civile de* 1871, idem.   5 : —

— *Le Pêcheur de mon lac,* soirées d'un penseur, en arm. mod. in-12. 1875.   2 : —

— L'ARMÉNIE ET LES ARMÉNIENS, en anglais, in-16. 1874-76 : —

— — I partie, *Géographie d'Arménie.*   1 : —

— — II ,, *Histoire politique de l'Arménie.*   4 : —

— — III partie, *Histoire ecclésiastique de l'Arménie.*   4 : —
— — IV   » *Littérature arm.* en fr. (sous presse).
— RITUEL ARMÉNIEN, en anglais, in-16. 1872 : —
— —   I partie, *Liturgie arménienne.*   2 : —
— —   II   » *Baptême et Confirmation.*   1 : —
— —   III   » *Les ordres ecclésiastiques.*   2 : 50
— —   IV   » *Rites et Cérémonies,* en angl. et fr.   3 : —
— *L'Ile de St. Lazare visitée,* en anglais, in-8. 1875.   1 : —
— id. en italien, in-16. 1876.   1 : —
— id. en français, in-16. 1876.   1 : —
— V. LITURGIE.
KACIUNI (P. EMANUEL), *Arithmétique générale,* in-8.
1854-59.   4 : 50
— *L'Arménie ancienne,* en arm. mod. in-12. 1855.   3 : —
— *Géographie de l'Arménie ancienne et moderne,* en
arm. mod. in-12. 1857.   3 : —
— *Traité de Physique,* orné de gravures intercalées,
2 vol. in-8. 1871.   15 : —
— *Chimie théorique et pratique,* ornée de gravures
intercalées, 3 vol. in-8. 1869.   20 : —
— *Traité de Mécanique,* orné de gravures interca-
lées, 1 vol. in-8. 1871.   8 : —
— *Ecoles des Mœurs,* V. BLANCHARD.
— *Téchnologie,* rédigée sur les meilleurs ouvrages
et les récentes découvertes, en ar. m. in-8. 1875.   2 : 50
— *Dictionnaire Téchnologique,* (sous presse).
KARÉKIN (P. P.), *Histoire de la Littérature grec-
que, romaine, sacrée,* en arm. mod. in-12. 1856.   6 : —
— *Histoire de l'ancienne Littérature arménienne,* en
arm. mod. in-12. 1865.   5 : —
— *Histoire de la Littérature du moyen âge et des temps
modernes,* en arm. mod. 2 vol. in-12. 1875.   8 : —
— *L'invocation des Saints,* prouvée contre les protestants, in-24. 1852.   2 : —
— *La Mère, première instructrice de l'enfance,* en
arm. mod. in-12. 1874.   4 : 50
KOUCHENÉRIAN (P. CHÉRUBIN), *Fables,* en arm.
mod. et anc. en vers, in-12. 1876.   1 : 50
KOURKÈN (P. AUXENCE), *Grammaire Anglaise-armé-
nienne,* in-8. 1853.   6 : —
— *Cours de Philosophie,* à l'usage des Colléges, 5
vol. in-24. 1870.   7 : 50

Chaque volume se vend séparément : —

I *Psycologie.*   1 : 75

II *Logique.*   1 : 75

III *Théologie naturelle.*   1 : 75

IV *Histoire de la Philosophie.*   1 : —

  V *Abrégé de Philosophie.*   1 : 25

— V. CHESTERFIELD, FRAYSSINOUS, SÉGUR, &c.

LABOUBNIA, auteur syrien contemporain des apôtres, *Lettre du roi Abgar,* ou Histoire de la conversion des Édesséens, trad. anc. in-8. 1868.   2 : —

— Même ouvrage, trad. française.   2 : —

LAMARTINE (ALPHONSE DE), *Premières Méditations poétiques,* trad. en vers arm. par le P. S. CANTARIAN, in-12. 1876.   2 : —

LAMÉ-FLEURY, *Histoire d'Angleterre,* à l'usage des jeunes enfants, trad. en arm. mod. par le P. G. DJÉLAL, in-12. 1862.   3 : 50

LAMPRONATZI (S. NERSÈS), auteur classique du XII siècle, **Discours Synodal,* in-8. 1784.   1 : —

— Même discours, avec une traduction italienne et notes, par le P. P. AUCHER, in-8. 1812.   3 : —

— *Commentaire sur la Liturgie arménienne,* in-8. 1847.   7 : 25

— *Lettres,* in-24. 1838.   3 : —

— LAMPRONATZI *accusé et défendu,* en ital. in-8. 1852.   2 : —

LANGLOIS (VICTOR), *Le Trésor des Chartes d'Arménie,* ou *Cartulaire de la chancellerie royale des Roupéniens,* in-4. 1863.   15 : —

— *Notice sur le Couvent de S. Lazare,* in-12. 1865-69.   2 : —

— V. AGATHANGE, ÉLISÉE, FAUSTUS DE BYZANCE, PARBÉTZI, MICHEL, ZÉNOB, &c.

LAPRADE (V. DE), *Poëme de l'Arbre,* trad. en vers arm. par le P. D. NAZARETH, in-8. 1868.   — : 50

LASDIVERD (ARISDAGUÈS DE), auteur classique du XI siècle, *Histoire d'Arménie,* in-8. 1845.   2 : 50

LASLOVIAN (P. BASILE), *Vie de S. Antoine le Grand,* avec grav. et Supplément, in-8. 1794-1800.   2 : —

LAZAROVITCH (PAUL), *Description de la ville de Calcutta,* avec le portrait de l'auteur et figures, in-4. 1852.   4 : —

LÉON (S.), *Lettre Dogmatique,* en grec, latin et arménien, avec des notes, in-4. 1804.   1 : —

LETTRES CRITIQUES, V. COSTANTINI.

LETTRES &c. V. MARC-AURÈLE, PAPASIAN, THOMADJAN, &c.

LIGUORI (S. Alphonse), *Maximes éternelles*, trad. turque par J. Erémian, in-24. 1827.   1:50
— Même ouvrage, en arm. mod. in-24. 1863.   1:75
— *Préparation à la mort*, en arm. mod. in-24. 1855.   3:25
— *Exercice de l'amour divin*, in-32. 1855.   2:50
— *Méditations sur la Passion de N. S. Jésus-Christ*, en arm. mod. in-24. 1866.   1:25
LITTÉRATURE arménienne, &c. V. Karékin, Somal.

LITURGIE arménienne, avec grav., in-4. 1823-75.   5:—
— La même, in-8. 1827.   2:—
— La même, avec une trad. ital. par le P. G. Awédikian, ornée de gravures, in-8. 1827-54.   2:—
— La même, en français, 1851-70.   2:—
— La même, en anglais, trad. par le P. J. Issaverdenz, in-16. 1870.   2:—
— La même, traduite en *notes européennes*, par M. P. Bianchini, et éditée en quatre langues, arm. ital. angl. et franç., par le P. J. Issaverdenz, in-4. 1876.   15:—

C'est un des ouvrages les plus *intéressants* qui soient sortis des presses de S. Lazare, en ce qu'il contient la Musique de l'église arménienne telle qu'elle a été transmise traditionellement depuis des siècles les plus reculés. — L'ouvrage est accommodé pour *Piano* et *Mélodium*, et harmonisé pour le chant à *trois voix*.

LIVRES DE PRIÈRES : — *Encensoir*, jolie édition, ornée de gravures, in-32. 1831-67.   1:50
— *Jardin spirituel*, in-24. 1862.   4:—
— *Méditation avant et après la Messe*, in-24. 1865.   1:75
— **Méditation sur l'enfer*, in-12. 1755.   1:25
— *Oeil de l'âme*, pour chaque jour de la semaine, in-16. 1770.   —:75
— *Louanges à la Ste. Vierge*, in-12. 1854.   1:50
— *Louanges à S. Joseph*, in-12. 1782.   1:25
— *A l'usage des prêtres*, in-32. 1852.   —:50
— **Pour gagner les saintes indulgences*, belle édition, ornée de gravures, in-32. 1855.   1:—
— V. Aucher (P. J.-B.), Awédikian, Hurmuz (E.), Indjidjian, Liguori, Matthieu de Thokat, Narégatzi, Pagani, Tchamitchian (P. M.), &c, &c.
LOGIQUE, V. Dumarsais, Kourkèn, Soave, Tréntz, &c.
LOYOLA (S. Ignace de), *Les Exercices Spirituels*, trad. en arm. par le P. P. Minas, in-12. 1854.   4:—

LYRE AMÉRICAINE, *Choix de Poésies*, tr. en vers arm. par le P. L. ALISHAN, texte en regard, in-12. 1874. 1 : —

MAGISTROS (GRÉGOIRE), auteur arménien du XI siècle, *Oeuvres poétiques*, in-16. 1868. 1 : 25

MAMIGONIAN (JEAN), auteur classique du VII siècle, *Histoire de Taron*, V. ZÉNOB.

MANTAGOUNI (JEAN), auteur classique du V siècle, *Homélies*, 1 vol. gr. in-8. 1837-60. 4 : —

MANZONI (A.), *Les Fiancés*, trad. arm. par MGR. E. HURMUZ, avec gravures, 2 v. in-12. 1875. 9 : —

MARC-AURÈLE, *Lettres morales et philosophiques*, tr. par G. HAMASASPIAN, 1738. La nouvelle trad. en arm. mod. par MGR. E. HURMUZ, in-24. 1868. 2 : 50

MARTYROLOGE ARMÉNIEN, ouvrage classique de la littérature armén. 2 vol. gr. in-8. 1874. 22 : —

MASSILLON, *Petit Carême*, trad. arménienne par le P. A. BAGRATOUNI, in-8. 1865. 2 : 50

MATTHIEU DE THOKAT (P.), *Les louanges de la Sainte Vierge*, in-8. 1759. 1 : —
— *Méditations sur la passion de N. S.*, in-16. 1759. 1 : —
— *Le mystère de la piété*, in-4. 1775. 2 : —
— *Vie de S. Grégoire Illuminateur*, in-8. 1749. 2 : —

MÉCANIQUE, V. KACIUNI.

MÉDICI (P. MINAS), *Encyclopédie de la jeunesse*, avec des notes et figures, in-8. 1818. 7 : —
— *Exercices de lecture pour les enfants*, en arm. mod. in-8. 1850-60. 2 : —
— *Instruction des enfants*, in-22. 1852-54. 5 : —
— *Catéchisme de la doctrine chrétienne*, in-12. 1856. 2 : 50
— *Grammaire polyglotte*, contenant les principes des langues turque, persane, arabe, tartare, &c. avec des remarques analytiques sur d'autres langues, un magnifique vol. in-4. 1846. 15 : —
— *Grammaire russe*, à l'usage des Arm., in-8. 1828. 6 : —
— *Grammaire arm. à l'usage des Russes*, in-8. 1840. 6 : —
— *Histoire sacrée et Vies des Papes*, 2 v. in-12. 1838. 10 : —
— *Voyage en Gallicie et en Crimée*, avec des relations historiques et géographiques sur les colonies arméniennes qui autrefois habitaient Ani, jadis capitale des Bagratides, 1 v. gr. in-8. 1850. 7 : —
— *Description géographique des côtes de la Mer Noire*, avec une carte en caractères arméniens et turcs, in-8. 1819. 2 : 50

— *Petite Biographie universelle*, en arm. m. in-12. 1850.   6:—

— V. Esope, Robinson Crusoé.

MEGHERDITCHIAN (Dr. David), *Traité du Choléra-morbus*, trad. italienne par le P. C. Aznawor, in-8. 1831.   1:—

MEKHITHAR (Abbé), *Dictionnaire Arménien*, 2 vol. in-4. 1749-69.   100:—

— *Commentaire sur l'Ecclésiaste*, in-8. 1736.   1:50

— *Commentaire sur l'évangile de S. Matthieu*, 1 vol. gr. in-8. 1737.   10:—

— *Doctrine chrétienne*, précédée d'un *Abécédaire arménien*, in-12. 1750.   1:—

— La même, en arm. mod. suivie de plusieurs *Hymnes* par l'auteur, in-12. 1774.   1:75

— *Exercices de la prière mentale*, in-8. 1772.   1:50

— *La Voix de J-C.* ou Préceptes de N. S. à l'âme fidèle, in-16. 1810.   1:—

— *Grammaire arménienne*, in-4. 1750-70.   3:—

— V. Albert le Grand, Pierre d'Aragon.

MEKHITHARISTES (PP.) *Choix de Poésies*, en 3 volumes, in-4. 1852.   15:—

— *Morceaux choisis des classiques anciens et modernes*, trad. en arm.; *prose*, in-12. 1872.   6:—

— V. Polyhistor.

MEKHITHAR HÉRATZI, écrivain du XII siècle, *Traité sur les fièvres*, in-8. 1832.   4:—

MEKHITHAR KOCHE, auteur classique du XII siècle, *Fables* ou *Apologues*, in-12. 1790.   1:—

— Nouvelle édition, in-24. suivie des *Fables d'Olompien*, ancien philosophe grec, traduc. classique, 1842-54.   2:50

MEMBRÉ, auteur classique du V siècle, *Les Homélies*, V. David le Philosophe.

MÈRE (La), V. Karékin.

MÉRIMÉE (Prosper), *Colomba*, trad. en arm. mod. par le P. G. Djélal, in-12. 1863.   1:75

MÉTASTASE, *Drames sacrés*, trad. en vers arm. par Mgr. E. Hurmuz, in-24. 1871-76.   3:—

— *Choix de Drames*, traduction turque par J. Erémian, in-24. 1851.   1:—

MICHEL (le syrien), auteur du XII siècle, *Chronique*, traduite en français sur la version arménienne, par V. Langlois, in-4. 1868.   16:75

MILTON, *Le Paradis perdu*, trad. en vers arméniens, par le P. A. BAGRATOUNI, orné de 2 gravures, in-8. 1861.   7 : —
— Même ouvrage, orné de 5 gravures.   9 : 50
MINAS (P. PIERRE), *Arithmétique raisonnée*, en arm. mod. in-16. 1842.   2 : —
— *Calligraphie arménienne*, enseignée en 25 tables, suivies de modèles d'écritures italienne, allemande, russe, grecque et turque, in folio. 1834.   5 : —
— *Khosrov le Grand*, tragédie en 5 actes, in-12. 1845.   1 : 50
— *Sempad 1*, tragédie en 5 actes, in-12. 1846.   1 : 50
— V. LOYOLA.
MISSEL ARMÉNIEN, 2 vol. in folio. 1686, édition très-rare.   250 : —
MOÏSE DE KHORÈNE, auteur class. du V siècle, *Histoire d'Arménie*, depuis la création jusqu'à l'année 441, ornée de belles gravures, in-24. 1827.   6 : —
— Même histoire, trad. ital. avec des notes ; revue par N. TOMMASÉO, in-8. 1841-50.   8 : 50
— Même histoire, trad. franç., par LE VAILLANT DE FLORIVAL, avec le texte, 2 v. in-8. 1841.   18 : —
— *Oeuvres complètes*, 1 vol. gr. in-8. contenant *l'Histoire d'Arménie*, *la Géographie*, *le Traité de Rhétorique*, *les Discours* et quelques autres petits ouvrages, in-8. 1842-64.   12 : —
— *Livre des Chries*, ou *Traité de Rhétorique*, avec des notes par le P. J. ZOHRAB, in-8. 1796.   4 : —
MONTALEMBERT, *Vie de Ste. Elisabeth de Hongrie*, trad. en arm. mod. par MME D. ALLAHVERDIAN, in-8. 1866.   4 : —
MONTI (V.), *Aristodème*, tragédie, en 5 actes, trad. en vers arm. par MGR. E. HURMUZ, in-12. 1875.   — : 60
MORCEAUX CHOISIS, V. MEKHITHARISTES.
MOMIE (LA), (conservée dans le Musée de S. Lazare), *Notice* en français par M. F. CHABAS égyptologue, in-12. 1870.   — : 50
MUSIQUE (LA) de *l'Eglise arménienne*, V. LITURGIE.
NAPOLÉON III, *Vie de Jules César*, trad. par le P. A. DJARI. Le premier volume seul vient de paraître, in-8. 1866.   9 : —
NARÉGATZI (S. GRÉGOIRE), auteur class. du X siècle, *Oeuvres complètes*, 1 v. gr. in-8. 1827-42.   10 : —
— * *Les Elégies* ou *Prières*, in-12. 1807.   2 : 75

— Même ouvrage, in-24. 1844.   4: —

— Même ouvrage en extraits, orné de gr. in-8. 1804.   3: —

— Même ouvrage, avec des notes explicatives par le P. G. Awédikian, 1 vol. gr. in-8. 1827.   10: —

— *Homélies et Odes*, expliquées par le P. G. Awédikian, in-8. 1827.   4: —

— *Commentaires sur le Cantique des Cantiques de Salomon*, in-12. 1789.   1:50

NAZARETH (P. David), V. Cantù, Dante, Laprade, Rapet, Saintine.

NILUS (S.), *Oeuvres*, traduction classique du V siècle. V. Vies des PP. du Désert.

NOUVEAU TESTAMENT, traduction classique, in-8. 1847-63.   4: —

— Le même, en papier vélin.   7: —

— Le même, excepté les quatre Evangiles.   2:50

OGHOULLOUKHIAN (P. Luc), *La Nautique et les Logarithmes*, in-8. 1816.   4: —

— V. Terzago.

OGHOULLOUKHIAN (Dr. Joachim), *Les Matières médicales*, en arm. mod. in-8. 1806.   1:75

OLOMPIEN (Fables d'), V. Mekhithar Koche.

OTZNÉTZI (Jean le Philosophe), auteur classique du VIII siècle, *Oeuvres complètes*, 1 v. in-8. 1853.   4: —

— *Discours synodal*, avec une trad. latine et notes explicatives, par le P. J-B. Aucher, in-8. 1853.   3: —

— *Discours contre les Fantastiques*, avec une trad. latine et notes par le même, in-8. 1816.   1: —

PAGANI (J-B.), *L'âme dévouée à la Sainte Eucharistie*, in-24. 1865.   2:50

PAPASIAN (Mgr. Ignace), *Abrégé de l'Histoire ecclésiastique*, 1 fort vol. in-8. 1848.   12: —

— *Exposition du Symbole de la foi*, en arm. mod. et en turc, in-8. 1807.   2:50

— *Le Mois de Marie*, en arm. mod. in-12. 1814-62.   1:75

— *Géometrie pratique*, en arm. mod. in-4. 1817.   3: —

— *Eléments de Miniature*, 1 vol. in-4. 1813.   4: —

— *Perspective linéaire pratique*, 1 vol. in-4. 1815.   12: —

— *Règles de la politesse*, in-12. 1806.   1:25

— *Double Ecriture* ou *Tenue des livres* pour les commerçants, 1 vol. in folio. 1824.   15: —

— *Ecriture simple*, in-8. 1828.   6:50

— Même ouvrage, en arm. mod. in-8. 1850.   2: —

— *Modèles de Lettres de commerce,* in-8. 1827.   3 : —

PAPYRUS, *manuscrit Indien,* en langue Pâli, (conservé dans le Musée de St. Lazare), déchiffré par M. J. F. Dickson, M. A., in-24. 1875.   1 : —

PARBÉTZI (Lazare), auteur classique du V siècle, *Histoire d'Arménie* de son siècle et de Vahan Mamigonian, jusqu'à l'année 485, in-24. 1807-72.   3 : —

L'Histoire de Lazare Parbétzi a été traduite par le P. S. Cantarian, et publiée dans le Recueil des historiens arméniens de V. Langlois à Paris, 1868.

PAZMAVÈB, V. Polyhistor.

PELLICO (Silvio), *Les Devoirs,* trad. en arm. mod. par le P. G. Aïvazovsky, in-12. 1854.   1 : 25

PERSPECTIVE linéaire pratique, V. Papasian.

PEY, **Le Sage dans la solitude,* trad. turque par J. Erémian, in-12. 1816.   2 : —

PHÈDRE, *Les Fables,* trad. en vers arm. par Mgr. E. Hurmuz, in-8. 1855.   4 : —

PHILON (Le Juif), anc. trad. arm. de ses *Trois Discours,* dont l'original grec n'existe plus. Ces discours sont accompagnés d'une trad. lat. avec des notes par le P. J-B. Aucher, 1 v. gr. in-4. 1822. 7 : —

— *Commentaire sur la Genèse,* &c. 1 v. gr. in-8. 1826.   20 : —

PHILOSOPHIE, V. Goudin, Kourkèn, &c.

PHOTOGRAPHIES, savoir : — *Vues, Portraits, Facsimile,* &c. V. Catalogue à la fin.

PHYSIOGRAPHIE de l'Arménie, V. Alishan.

PHYSIQUE, V. Kaciuni.

PIANO (D. Michel), *Le Bon Pasteur,* trad. armén. par Mgr. E. Hurmuz, 5 v. in-12. 1856-60.   17 : —

PIANTON (Mgr. Pierre), *Eloge historique de* Mgr. E. Akontz Köver, en italien, in-8. 1825.   1 : —

PIERRE d'Aragon, *Traité sur les vertus et les vices,* trad. arm. par l'Abbé Mekhithar, 2 v. in-4. 1775.   8 : —

PIERRE Vartabied de Tiflis, **La Source de bonté,* discours édifiants, in-16. 1722.   — : 75

— V. Abelly, Rodriguez.

PINARD (l'Abbé), *Les Flammes de l'amour divin,* tr. en arm. mod. par Mgr. E. Hurmuz, in-24. 1870.   2 : 25

PINELLI (P. Luc), *Préceptes de la perfection religieuse,* trad. par le P. V. Asguérian, in-8. 1779.   1 : 25

PLATON, *Phédon ou de l'Immortalité,* trad. armén. par le P. A. Djari, in-24. 1870.   1 : —

PLUTARQUE, *Vies des hommes illustres*, trad. armén. par le P. E. THOMADJAN, belle édition, ornée de très-jolies gravures, 6 v. in-16. 1833-34.   40 : —

POLYHISTOR, REVUE ARMÉNIENNE, *scientifique et littéraire*, ornée de gravures intercalées, rédigée par les PP. MEKHITHARISTES ; 30 volumes, in-8. commencée depuis 1843-1872.   300 : —

Chaque volume se vend séparément : —   10 : —

— NOUVELLE SÉRIE, *trimestrielle*, paraissant en six grand feuilles in-8.
— Le prix de chaque livraison   3 : —
— Le prix annuel   10 : —

POÉSIES COMPLÈTES, V. ALISHAN, BAGRATOUNI, MEKHITHARISTES, &c.

POPE, *Essai sur l'homme*, trad. en prose turque par J. ERÉMIAN, in-8. 1861.   — : 75

PORANÉ, épisode de Haïg, trad. en vers ital. 1859. — : 25

PRIÈRES, &c. V. LIVRES DE PRIÈRES.

PROVERBES TURCS, traduits en français par M. V. MUTEVELLI, texte en regard, in-24. 1875.   — : 50
— Les mêmes, traduits en anglais, 1843-73.   — : 50

PSAUMES DE DAVID, in-8. *1821.   5 : —
— Les mêmes, in-32. 1820-67.   2 : 50
— Les mêmes, in-24. 1852-65.   2 : 50

PYRKER (LADISLAS), *Rodolphe de Habsbourg*, (poëme épique), trad. arm. par le P. L. ALISHAN, texte allemand en regard, in-8. 1858.   11 : 50

QUADRUPANI (P. CHARLES JOSEPH), *Documents pour tranquilliser les âmes dans leurs doutes*, trad. en arm. mod. par le P. J-B. AUCHER, in-24. 1825.   2 : —

RACINE (FILS), *La Religion*, trad. en vers arm. par MGR. E. HURMUZ, in-16. 1872.   2 : —

RACINE (JEAN), *Phèdre*, trad. en vers arm. par MGR. E. HURMUZ, in-8. 1862.   1 : —
— *Athalie*, V. HURMUZ (G.).

RAPET (J.-J.), *Manuel populaire de Morale et de l'Economie politique*, trad. en arm. mod. par le P. D. NAZARETH ; (sous presse).

RESDEN (DR. MICHEL), *Médecine pratique*, 2 vol. in-8. 1822-32.   10 : —

Le second volume de cet important ouvrage renferme un Dictionnaire de médecine en 9 langues, savoir : — lat.-ital.-franç.-angl.-gr.-arabe-pers.-turque-arm.

REVUE arménienne, *Pazmavèb,* V. Polyhistor.

RHÉTORIQUE, V. Akontz Köver, Cantarian, Hurmuz (E.), Seth, &c.

RITUEL arménien, ouvrage classique du IV siècle, 1 vol. in-8. 1831-40.   12 : —
— V. Issaverdenz.

ROBINSON CRUSOÉ, *Les Aventures,* trad. en arm. mod. par le P. M. Médici, in-8. 1817-75.   3 : —

RODRIGUEZ (P. Alphonse), *Pratique de la perfection chrétienne,* trad. arm. par Pierre Vartabied de Tiflis, 2 vol. in-12. 1741.   3 : —
— *Traité de la conformation à la volonté divine,* trad. nouvelle par le P. G. Awédikian, in-12. 1823.   1 : 75
— *Traité sur les trois vœux religieux,* trad. par le P. J.-B. Aucher, in-12. 1853.   3 : —

ROLLIN, *Histoire romaine,* trad. arm. par le P. V. Asguérian, 6 vol. in-4. 1816-17.   75 : —
— *Histoire ancienne,* trad. par NN. SS. G. et E. Hurmuz, ornée de gravures, 6 vol. in-4. 1825-29.   75 : —

ROSZKOWSKY, *Ecriture Omni-Slave,* considérations sur les différents systèmes d'écriture slave, et la composition d'un alphabet unique commun à tous les Slaves, in-8. 1874.   2 : —

SAINTINE (X-B.), *Picciola,* roman, trad. en arm. mod. par le P. D. Nazareth, in-12. 1866.   2 : 50

SAINT-PIERRE (Bernardin de), *Paul et Virginie,* trad. en arm. mod. par M-Bey Asbouadzadrian, belle édition, ornée de jolies grav., in-16. 1846-72.   6 : —
— Le même, trad. en arm. littéraire par Mgr. E. Hurmuz, même édition. 1860-72.   6 : —

SALAHOUNIËN (S. Théodore), V. Alishan.

SALES (S. François de), *Introduction à la vie dévote,* trad. arm. in-8. 1748.   2 : —
— *Philothée,* trad. en arm. mod. par Mgr. E. Hurmuz, in-12. 1864.   3 : 25

SALLUSTE, *Histoire des guerres de Catilina et de Jugurtha ;* trad. arm. par le P. A. Djari, ornée du portrait de Salluste, in-24. 1856.   2 : 50

SALOMON (La Sagesse de), le texte grec accompagné des versions lat. et arm., in-24. 1824-54.   2 : —

SAMSAR (P. Samuel), *Hygiène pratique,* en arm. mod. in-24. 1850.   — : 75
— V. Buffon, Cantù.

SANDEAU (Jules), *Madeleine,* trad. en arm. mod. par le P. G. Djélal, in-8. 1860. 2:50

SARKISSIAN (P. Nersès), *Voyage en Arménie,* orné de grav. et de cartes topographiques, in-4. 1866. 10:—

SCHILLER, *La Cloche,* trad. en vers arm., par le P. L. Alishan, in-12. 1871. —:50

SCUPOLI (P. L.), *Combat spirituel,* tr. ar. in-12. 1723. 1:—

SEGNERI (P.), *Explication de l'oraison dominicale* et *Via Crucis,* tr. turque par J. Erémian, in-12. 1824. 2:—

— *Le Pénitent instruit,* trad. turque par J. Erémian, in-12. 1827. 2:—

SÉGUR, *Réponses courtes et familières contre les objections des incrédules,* trad. en arm. mod. par le P. A. Kourkèn, in-16. 1855. 1:50

— *Jésus-Christ,* considérations familières sur la personne, la vie et le mystère du Christ, trad. en arm. mod. par le P. V. Boyadjian, in-12. 1861. 2:—

SEMPAD (Le Connétable), auteur du XIII siècle, *Les Assises d'Antioche,* l'original français perdu, la version arm. accompagnée d'une traduction française, par le P. L. Alishan, avec des notes, in-4. 1876. 10:—

SÉNÈQUE (Le Philosophe) *Les Traités philosophiques,* trad. arm. par le P. J-B. Aucher, 1 vol. gr. in-8. 1849. 9:—

SETH (P. Ephrem), **Rhétorique,* in-8. 1831. 4:—

— *Droit des gens,* in-8. 1854. 8:—

— *Abrégé de l'histoire sainte,* à l'usage des écoles primaires, en arm. mod. in-12. 1855-72. 3:—

— *Abrégé de l'histoire ancienne,* à l'usage des écoles primaires, in-12. 1855-48. 3:—

— **Abrégé de l'histoire arménienne,* à l'usage des écoles primaires, in-12. 1859-42. 3:—

— *Biographie de* Mgr. E. Akontz Köver, en arm. et en latin, in-8. 1825. 1:50

— V. Augustin.

SÉVÉRIEN, (évêque de Gabale), auteur du IV siècle, *Homélies,* trad. arm. au V siècle, de l'original grec qui n'existe plus; in-8. 1827. 4:—

— Les mêmes, accompagnées d'une trad. latine par le P. J-B. Aucher; même édition. 8:—

SOAVE (Fr.), *Logique,* trad. armén. par le P. A. Bagratouni, in-8. 1825-57. 4:—

SOMAL (Mgr. Sukias), *Tableau de l'histoire littéraire d'Arménie*, en italien, in-8. 1829.   5 : —
— *Tableau des ouvrages classiques des SS. Pères et d'autres écrivains*, traduits anciennement en arménien; en italien, in-8. 1825.   — : 85
— *Dictionnaire de Poche*, Anglais-arménien-turc, Arménien-anglais-turc, Turc-arménien-anglais, à l'usage des voyageurs, 5 vol. in-24. 1846.   10 : —
— — *Arménien-anglais*, Ang.-Arm., 2 v. in-24. 1852.   6 : 50
— *Le prêtre auprès du lit du malade*, ou Manière d'assister les malades dans leurs besoins spirituels, in-24. 1854.   2 : —
SOUVENIRS d'Arménie, V. Alishan.
STÉPHANIAN (P. Jacques), *Spectacle de la nature*, in-8. 1840.   6 : —
SURMÉLIAN (P. Khatchadour), *Calendrier universel, ecclésiastique et civil*, in-8. 1848.   2 : —
— *Arithmétique*, en arm. mod. in-24. 1817.   3 : —
SYLLABAIRE arménien, in-8. 1846-66.   — : 50
TACITE, *les Annales*, trad. armén. par Mgr. E. Hurmuz, in-8. gr. 1873.   9 : —
— *Agricola, les Germains, les Rhéteurs*, trad. arm. par le P. A. Djari, in-16. 1875.   2 : 50
TAMBOURI (Artin), *Notice historique sur Thahmas-Kouli-Khan*, en turc, in-12. 1800.   — : 75
TASSONI (Alex.), *La religion démontrée*, trad. arm. par le P. J-B. Aucher, 1 fort v. in-8. 1844.   12 : —
TCHAKTCHAK (P. Manuel), *Dictionnaire Italien-arménien-turc*, 1 vol. gr. in-4. 1804.   60 : —
— *Vocabulaire Italien-arménien-turc*, 1 v. in-8. 1829.   10 : —
— *Dictionnaire Arménien-italien*, 2 v. gr. in-4. 1851.   50 : —
— *Choix de Poésies*, in-4. 1853.   6 : —
— *L'Art d'aimer Dieu*, en vers, in-8. 1819.   2 : 50
— V. Bona, Fénelon, Gessner, Hoschius.
TCHAMITCHIAN (P. Michel), *Histoire d'Arménie*, depuis le commencement du monde jusqu'à la fin du XVIII siècle, 5. vol. in-4. 1784-86.   50 : —

J. Avdal a publié un abrégé de ce précieux et très-important ouvrage en anglais, 2 vol. in-8. Londres, 1827.

— *Abrégé de l'Histoire arménienne*, 1 v. gr. in-8. 1811.   4 : —
— Même ouvrage en turc, (*Gulzari*), 1 vol. gr. in-8. 1812-62.   4 : —
— *Grammaire arménienne*, 1 v. gr. in-8. 1779.   10 : —

— *Abrégé de la Grammaire arm.*, in-8. 1831-59.   3 : —
— *Commentaires sur les Psaumes*, 10 v. gr. in-8. 1816-23. 60 : —
— — *sur les Cantiques des Prophètes*, in-8. 1807.   3 : —
— *L'Autel des Encens*, ou Prières pour toutes les fêtes de l'année, in-8. 1817.   4 : —
— *Homélies pour les fêtes de la Ste Vierge*, in-8. 1805.   4 : —
— *Exercices spirituels pour une semaine*, in-16. 1802-17. 3 : 50
TCHAMITCHIAN (P. JACQUES), V. ALMANACH.
TCHERAGUIAN (P. MESROP), *Eléments de Téchnologie*, en arm. mod. in-12. 1830.   2 : —
— *Préceptes pour un bon et honnête citoyen*, in-8. 1816. 1 : 50
— V. DUMARSAIS.
TÉCHNOLOGIE, V. KACIUNI, TCHERAGUIAN.
TENUE DES LIVRES, V. PAPASIAN.
TERDJIMAN (P. HAMASASPE), *Histoire abrégée d'Arménie*, en arm. mod. in-24. 1849-72.   3 : —
— *La Confession*, doctrine et manière pour profiter de ce sacrement de l'Eglise, in-12. 1873.   2 : —
TERZAGO, *Instruction morale et pratique pour les confesseurs*, trad. par le P. L. OGHOULLOUKHIAN, in-8. 1821.   5 : —
TESAURO (EMMANUEL), *Philosophie morale*, trad. de l'italien par le P. V. ASGUÉRIAN, in-8. 1825-71.   4 : —
THÉOLOGIE, V. ABELLY, ALBERT LE GRAND, HURMUZ (E.), &c.
THÉOPHRASTE, *Les Caractères*, trad. arm. par le P. A. BAGRATOUNI, in-24. 1850.   1 : 25
THOMADJAN (P. ÉLIE), *Art de correspondance et modèles de lettres*, en arm. anc. et mod. in-8. 1805.   4 : —
— *La sagesse humaine*, ou *Instructions morales et politiques*, pour bien employer le talent, et pour se rendre heureux et utile dans ce monde ; en arm. mod. in-12. 1846-59.   3 : 50
— *Choix de Sermons des principaux auteurs français et italiens*, trad. arm., in-8. 1852.   12 : —
— V. BERNARD, CHRYSOSTOME, HOMÈRE, PLUTARQUE, VIDA.
THOMAS A KEMPIS, *Imitation de J-C.*, trad. arm. par le P. V. ASGUÉRIAN, in-12. 1737-1855.   1 : 50
TOMMASÉO (N.), V. AGATHANGE, MOÏSE DE KHORÈNE.
TRÉNTZ (P. RAPHAEL), *Discours et Panégyriques*, in-8. 1846.   2 : —
— *Logique de T. Trois*, tr. en arm. mod. in-12. 1856. 3 : —
— *Les règles de la politesse*, en arm. mod. in-12. 1856. 1 : 50

— *Eléments de Chronologie*, en arm. mod. in-12. 1857. 1 : —

TRIGONOMÉTRIE, V. Bronian.

VAILLANT (Le) DE FLORIVAL, (P. E.), *Mekhitharistes de St. Lazare*, avec un *Supplément* à l'histoire et à la littérature arm., in-12. 1841-56. 2 : 25

— V. Eznig de Golp, Moïse de Khorène.

VARTAN, auteur du XIII siècle, *Histoire d'Arménie*, avec des notes historiques, in-8. 1862. 4 : —

VIDA (Jérome), *La Christiade*, tr. en vers arm. par le P. E. Thomadjan, ornée de grav., in-16. 1852. 4 : —

VIE de S. Alexius, en arm. mod. in-48. 1853-63. — : 30

VIE de l'abbé Mekhithar, V. Akontz Köver.

VIE de Jules César, V. Napoléon III.

VIE des Saints *de l'église latine*, V. Hovsèpian.

VIE de tous les Saints *du calendrier arménien*, &c, V. Aucher (P. J-B.).

VIE des Papes, V. Médici.

VIES des pp. du désert ou *des Anachorèles*, trad. classique, 2 vol. in-8. 1855. 22 : —

VIGANO (Francesco), *l'Operajo*, livre populaire pour réformer les mœurs et régler les intérêts de la classe pauvre, tr. en arm. mod. in-24. 1874. 1 : 25

VIRGILE, *L'Enéide*, trad. en vers arm. par Mgr. E. Hurmuz, avec des notes, ornée de très-belles grav., 1 vol. gr. in-8. 1846. 12 : —

— *Les Géorgiques*, trad. en vers arm. par le P. A. Bagratouni, in-4. 1847. 8 : —

— *Les Eglogues*, trad. en vers arm. par Mgr. E. Hurmuz, avec des notes, in-18. 1870. 1 : —

VOYAGE a Siam, en arm. mod. in-12. 1814. 1 : —

VOYAGE en Arménie, V. Sarkissian.

VOYAGE en Gallicie et en Crimée, &c. V. Médici.

WAROQUEAUX (Arsène), *Coup d'œil sur Venise*, in-16. 1875. 1 : 25

WISEMAN (Card.), *Fabiola ou l'Eglise des Catacombes*, trad. en arm. mod. in-12. 1857. 4 : 50

YASÉGE (P. Etienne), *Eléments de Géographie*, à l'usage des écoles primaires, en arm. mod. in-12. 1840-66. 4 : —

— *Grammaire française*, à l'usage des Arméniens, in-16. 1849. 2 : —

YOUNG, *Les Nuits*, trad. turque par J. Erémian, in-8. 1819-58. 5 : 25

ZÉNOB DE CLAG, auteur classique du IV siècle, *Histoire de Taron*, province de la grande Arménie, continuée par J. Mamigonian, in-8. 1852.   3 : —

V. Langlois a publié dans le Recueil des historiens arméniens une traduction française faite par J. R. Émin de Constantinople, à Paris, 1868.

ZIELINSKI (K. Wladislaw), *Notice sur le Couvent arm. de S. Lazare,* en polonais, suivie d'un *Supplément* sur la colonie arm. en Pologne, in-12. 1876. 2 : 50

ZOHRAB (P. Jean), *Abrégé de l'histoire sainte,* en arm. mod. in-8. 1805-74.   4 : 50

— *Lettres* ou *Caractères Mesropiens,* en 8 tableaux, 1846.   5 : —

— V. Moïse de Khorène, Bible.

SOUS PRESSE

BOSSUET, *Panégyriques* sur la Ste Vierge.
BOURDALOUE »   »   »
MASSILLON   »   »   »
GÉOPONIQUES (Les), ouvrage classique.

PHOTOGRAPHIES

Fr. C.

Vue générale de l'Ile S-Lazare des Arméniens.

	Simple	2 : —
	Coloriée	3 : —
Cour intérieure du Monastère de S-Lazare.	Simple	2 : —
	Coloriée	3 : —
Bibliothèque de S-Lazare.	Simple	2 : —
	Coloriée	3 : —
— Les mêmes, en carte de visite.	Simples	— : 50
	Coloriées	1 : —
Intérieur de l'Église de S-Lazare.	Simple	2 : —
	Colorié	3 : —
— Le même, en carte de visite.	Simple	— : 50
	Colorié	1 : —

Costumes de l'Église arménienne, contenant une
collection de 7 sujets: Evêque, Prêtre, Archi-
diacre, Diacre, Sous-diacre, Enfants de Chœur,

Acolytes. - Chaque pièce séparément: -	Simples	2 : —
	Coloriés	3 : —
— Les mêmes, en carte de visite.	Simples	— : 50
	Coloriés	1 : —

Grand Album relié, contenant les 7 cost., les 4 vues, un portrait de Lord Byron et une photogr. de la Cène de Novelli.   Simple   22: —

                                        Colorié   30: —

Album, format de cabinet, contenant une vue générale de S-Lazare, les 7 cost., un portr. du Fondat., un portr. du maître de Lord Byron, le portrait même de ce dernier, 2 fac-simile des 2 tableaux de l'Eglise de S-Lazare, et un fac-simile du Manuscrit de la reine Melké.   Simple   8: —

— Le même, seulement avec les 9 de ces sujets coloriés.   10: —

— Même Album, en format de carte de visite, avec les 8 seuls sujets coloriés.   8: —

Album, format carte de visite, contenant une vue génér. de S-Lazare, et les 7 costumes ecclésiastiques.   Simple   4: —

                                        Colorié   6: —

Portrait de Lord Byron, grand format.   Simple   2: —

                                        Colorié   3: —

— Carte de visite.   Simple   —: 50

                                        Colorié   1: —

Photographie de la Cène de Novelli, chef-d'œuvre de l'artiste, grand tableau conservé dans le Réfectoire du Monastère.   Simple   2: —

                                        Coloriée   4: —

— Carte de visite.   Simple   —: 50

Photographie de la Momie, conservée dans le Musée de S-Lazare. Format de cabinet.   Simple   1: —

— Carte de visite.   Simple   —: 50

Note sur la même Momie, par M. F. Chabas égyptologue.   —: 50

Fac-simile du Papyrus, manuscrit Indien en langue Pâli, conservé dans la Biblioth. de S-Lazare. 24 tables longues.   Simple   16: —

— Chaque table séparément.   1: —

— Traduction anglaise par M. J. F. Dickson. M. A.   1: —

L'Arménie pittoresque, 36 vues d'Arménie, divi-
sées en trois parties, chacune contenant 12 vues
avec texte : —

— I partie, en armén., français et anglais, reliée   10 : —

— II partie, en armén. et français,   »   10 : —

— III partie, en arménien,   »   10 : —

                          Non reliées 8 : —

Chaque pièce séparément,   1 : —

Fac-simile de quelques-uns des Manuscrits arméniens de la Bibliothèque de S-Lazare : gr. form. 2 : —

— Cartes de visite.   —: 50

Photographies de quelques-uns des Rois et Reines
d'Arménie ; cartes de visite.   —: 50

— De quelques personnages illustres dans l'histoire d'Arménie.   —: 50

VENISE — Imprimerie Arménienne de S-Lazare.